Erstellung eines Regelkatalogs zu den Big-Five-Persönlichkeitscharakteristika

Corinne Reiser

Bibliografische Information der Deutschen Nationalbibliothek:

Die Deutsche Nationalbibliothek verzeichnet diese Publikation in der Deutschen Nationalbibliografie; detaillierte bibliografische Daten sind im Internet über http://dnb.d-nb.de abrufbar.

ISBN: 9783346303615
Dieses Buch ist auch als E-Book erhältlich.

© GRIN Publishing GmbH
Nymphenburger Straße 86
80636 München

Druck und Bindung: Books on Demand GmbH, Norderstedt Germany
Gedruckt auf säurefreiem Papier aus verantwortungsvollen Quellen

Das vorliegende Werk wurde sorgfältig erarbeitet. Dennoch übernehmen Autoren und Verlag für die Richtigkeit von Angaben, Hinweisen, Links und Ratschlägen sowie eventuelle Druckfehler keine Haftung.

Das Buch bei GRIN: https://www.grin.com/document/948297

FFH-Studiengang „Betriebswirtschaft & Wirtschaftspsychologie"

Titel der Lehrveranstaltung: Fragebogenkonstruktion

Semester/Jahr: 4/2014

Einsendedatum: 20.05.2014

Titel der Einsendeaufgabe:
Erstellung eines Regelkataloges

Reiser, Corinne

**Definition der fünf zu messenden Konstrukten (Big Five) „Offenheit (O)",
„Gewissenhaftigkeit (C)", „Extraversion €", „Verträglichkeit (A)", Neurotizismus
bzw. Emotionale Stabilität (N)".**

Allport und Odbert stellten sich 1936 die Frage, welche Charakteristika zur
Beschreibung der gesamten Persönlichkeit herangezogen werden können. Insgesamt
wurden rund 17.953 Begriffe gefiltert, auf denen Norman (1963) mittels einer neuen
Studie aufbaute. Durch inhaltliche Reduktionen wurden diese Persönlichkeitsbegriffe
anschließend auf fünf wesentliche Faktoren zusammengefasst, welche später von
Goldberg als „Big Five" bekannt wurden.[1] „Aus der englischen Bezeichnung der Big
Five – **O**penness to experience, **C**onscientiousness, **E**xtraversion, **A**greeableness und
Neuroticism – ergab sich das Kürzel **OCEAN**."[2]

<u>Inhaltliche Bedeutung der Big Five:</u>[3]

Offenheit

= instabilster Trait des Fünf-Faktoren-Modells. Bezieht sich auf die intellektuelle
Neugier, die geistige Beweglichkeit, korreliert positiv mit Kreativität, Intelligenz und
Bildung.[4] Individuen mit hoher Offenheit für Erfahrungen sind unkonventionelle und
unabhängige DenkerInnen. Niedrige Werte weißen auf konventionelles Verhalten hin.

Gewissenhaftigkeit

= stabilster Trait des Fünf-Faktoren-Modells. Bezieht sich auf die Zuverlässigkeit,
Ordentlichkeit, korreliert positiv mit Intelligenz und Bildung. Hohe Werte deuten auf
Selbstdisziplin und Selbstorganisation hin, wohingegen niedrige Werte für ein sorgloses
Verhalten sprechen und diese Individuen leicht ablenkbar sind.

---

[1] Bergner/Staudt, 2013, S. 25ff
[2] Bergner/Staudt, 2013, S. 28
[3] Maltbey/Day/Macaskill, 2011, S.322
[4] Ikinger, 2008, S. 5

Extraversion

= bezieht sich auf die Durchsetzungsfähigkeit, Abenteuerlustigkeit, korreliert mit ungezwungener Geselligkeit. Extraversion bezeichnet die Stärke der Tendenz der Zuwendung nach außen und ist ein Maß für Geselligkeit eines Individuums. Der Gegenpol dieses Traits ist die Introvertiertheit (schweigsam, zurückhaltend,...).

Verträglichkeit

= bezieht sich auf Freundlichkeit, zwischenmenschliches Entgegenkommen, korreliert mit hilfsbereitem Verhalten. Verträglichkeit bezeichnet ein Verhalten, das dazu neigt sich anzupassen und Konformität zu erzielen. Menschen mit niedriger Ausprägung im Bereich Verträglichkeit sind misstrauisch, skeptisch und unkooperativ.

Neurotizismus

= wird auch als negative Emotionale Stabilität (Emotionale Labilität) bezeichnet und erfasst die individuellen Unterschiede im Bereich der emotionalen Stabilität. Hohe Werte weisen auf Nervosität, Wehleidigkeit und Ängstlichkeit hin, niedrige Werte auf Ausgeglichenheit, Entspanntheit und körperliche Stabilität. Neurotizismus korreliert somit negativ mit der allgemeinen Lebenszufriedenheit und mit Wohlbefinden. Zusammengefasst kann festgehalten werden, dass sich die Eigenschaften von neurotischen Personen wie ein Ratgeber mit dem Titel „Anleitung zum Unglücklichsein" liest.[5]

Wieso würden Sie die letzte Skala als „Neurotizismus" oder „Emotionale Stabilität" bezeichnen? Was ist bei der Interpretation der Skala in Abhängigkeit von der Namensnennung zu beachten?

Neurotizismus wird auch als Gegenpol von emotionaler Stabilität bezeichnet. Personen mit geringer Ausprägung in Neurotizismus tendieren zu stabilem emotionalen Verhalten (sind ruhiger, zufriedener, entspannter, sicherer,...). Jedoch sind niedrige Werte in diesem Trait nicht zwangsläufig mit dem Erleben von Positiven Gefühlen verbunden.[6]

---

[5] Bergner/Staudt, 2013, S. 22
[6] Borkenau/Ostendorf, 1989, S.240ff

Als Neurotizismus bezeichnen wir die letzte Skala, weil wir bei unseren Überlegungen von dem hierarchischem Persönlichkeitsmodell, dem **„PEN-Modell"** von Eysenck ausgegangen sind. Hierbei geht Eysenck auf die individuellen Differenzen in den beiden Dimensionen Extraversion und Neurotizismus ein.[7] Der Trait Neurotizismus im Big-Five-Modell kann als Parallele zu Eysencks Dimension gesehen werden.

Die Benennung der Big-Five-Traits orientiert sich ebenso an der Formulierung der TestautorInnen Costa und McCrae und resultiert aus Studien zur Selbst- als auch zur Fremdeinschätzung. [8] Die Bezeichnung Emotionale Stabilität kann zwar als gleichwertiger und anerkannter Trait verstanden werden, jedoch sind wir bei unserer Recherche darauf aufmerksam geworden, dass in den meisten Definitionen des Fünf-Faktoren-Modells der Begriff Neurotizismus eines der fünf Merkmale bildet und somit als gängigerer Trait verstanden werden kann.

Da die beiden Faktoren als gleichwertig zu sehen sind und Neurotizismus als auch Emotionale Stabilität als Hauptdimensionen der Persönlichkeit postuliert werden können, ist lediglich bei der Formulierung der Fragestellungen, als auch bei der Interpretation der Skala auf die unterschiedliche Namensgebung zu achten.

Regeln:

1. Der Persönlichkeitsfaktor Neurotizismus wird im Gegensatz zu Emotionaler Stabilität mit negativen Fragebogenfragen angeführt.
2. Bei der Interpretation der Ergebnisse muss beachtet werden, dass niedrige Werte im Trait Neurotizismus (z.B. wenig ängstlich) zugleich solide Werte im Bereich der Emotionale Stabilität bedeuten (z.B. sicher).

---

[7] Bergner/Staudt, 2013, S. 19
[8] Maltbey/Day/Macaskill, 2011, S.322

Lassen sich die Konstrukte eindeutig voneinander abgrenzen oder sehen Sie inhaltliche Überschneidungen?

„Es herrscht zwar zunehmend Einigkeit darüber, dass es fünf Faktoren gibt, hinsichtlich der genauen Natur jedes dieser Faktoren besteht jedoch nach wie vor Dissens."[9] Die Hauptbezeichnungen der Big Five Taits können nicht eindeutig voneinander abgegrenzt werden, durch das hohe Abstraktionsniveau lassen die Eigenschaften der Big Five kaum Spielraum für feinere Unterscheidungen.[10] Aufgrund der spezifischen Facetten der einzelnen Traits ist es jedoch Möglich die fünf Persönlichkeitsfaktoren zu differenzieren. Die Facetten unterscheiden sich sowohl in der Anzahl als auch in der Benennung. „Die Facetten wurden so ausgewählt, dass die Konstrukte und theoretische Ansätze aus der Persönlichkeitsforschung berücksichtigt wurden. Zudem sollten die Konstrukte inhaltlich sinnvoll voneinander abgrenzen."[11] Es kann somit festgehalten werden, dass die Facetten die Wichtigkeit von Komponenten unterhalb der globalen Big Five Ebene unterstreichen und gleichzeitig die Verbindung zwischen den Konstrukten abbilden.

Regeln:

1. Durch den Einsatz von Facetten können die einzelnen Persönlichkeitsmerkmale voneinander abgegrenzt werden und somit inhaltliche Überschneidungen vermieden werden.

---

[9] Maltbey, Day, Macaskill, 2011, S.325
[10] Vgl. Bipp, 2006, S.17
[11] Bipp, 2006, S.18

Was muss bei der Itementwicklung bzw. der Formulierung von Items beachtet werden, damit ein Item eindeutig nur eines der Big Five Konstrukte misst und es nicht zu inhaltlichen Überschneidungen kommt?

Damit ein Item eindeutig nur eines der Big Five Konstrukte misst, ist es sinnvoll vor der konkreten Itemgenerierung festzulegen, wie die diese formuliert werden sollen. Hierzu existieren unterschiedliche Kategorien.[12]

Direkte Items sprechen interessierende Merkmale direkt an (Beispiel für Neurotizismus: „Fühlen Sie sich in der Nähe von autoritären Personen unwohl?") und vermeiden somit inhaltliche Überschneidungen.

Ebenso liefern personalisierte Items sehr zuverlässige Informationen und lassen einen besseren Rückschluss auf die zu messende Eigenschaft zu[13] (Beispiel für Offenheit: „Kaufen Sie Produkte, welche auf dem neuesten Stand sind?").

Um zu gewährleisten, dass die Antworten entsprechend der individuellen Ausprägung des interessierenden Merkmals gegeben werden, müssen die Items sprachlich eindeutig formuliert werden. Die Items sollen verständlich aufbereitet sein, um Verzerrungen in den Antworten zu vermeiden.[14]

Regeln:

1. Die Formulierung der Items soll so aufgebaut sein, dass direkte spezifische Fragestellungen zu jedem einzelnen Persönlichkeitsmerkmal der Big Five verfasst werden.
2. Die Items sollen sich auf das subjektive Verhalten der Person beziehen, ohne jedoch die Privatsphäre zu verletzen.

---

[12] Frebort/Khorramdel, 2011, S. 30
[13] Frebort/Khorramdel, 2011, S. 31
[14] Frebort/Khorramdel, 2011, S. 36

Welches Antwortformat bzw. welche Antwortformate sind Ihrer Meinung nach für die hier vorliegende Konstrukte optimal? Wie müssen die Antworten, die Testpersonen mit einem solchen Antwortformat geben, verrechnet werden, um die zu messenden Konstrukte optimal erfassen zu können?

Um die Konstrukte Offenheit, Gewissenhaftigkeit, Extraversion, Verträglichkeit und Neurotizismus bzw. Emotionale Stabilität optimal messen zu können, eignet sich das Antwortformat der Beurteilungsaufgaben in Form von Skalenstufen am besten für die Erfassung. Hierfür werden die bipolaren Antwortskalen und die verbalen Ratingskalen herangezogen[15].

Anders als bei der unipolaren Skala enthält die Bipolare einen negativen Pol, der ein „Nicht-Zutreffen" ausdrückt, welcher über einen Nullpunkt als Mittelkategorie bis hin zu einem positiven Pol, der ein Zutreffen symbolisiert, verläuft[16]. Eine verbale Ratingskala enthält zusätzlich zu der Benennung mit Zahlen eine sprachliche Umschreibung. Dadurch erhalten die Testpersonen eine Bedeutung bezüglich der Antwortstufen[17].

Ein Beispiel für eine verbale bipolare Skala könnte wie folgt aussehen:

O trifft zu   O trifft eher zu   O trifft eher nicht zu   O trifft nicht zu

Bei diesem Antwortformat besteht die Gefahr, dass die Testpersonen, aufgrund eventueller Unsicherheiten, oder da die Frage als nicht wichtig empfunden wird, zu einer „Tendenz zur Mitte" neigen. Die Antworten können auch durch die soziale Erwünschtheit verfälscht werden, indem die ProbandInnen ihre Angaben bewusst verfälschen, um sich positiver darzustellen[18].

Um dem entgegen zu wirken, enthält jede Skala ein positiv bzw. negativ gedrehtes Item des jeweiligen Konstruktes. Des Weiteren verzichtet man auf extremere

---

[15] Frebort/Khorramdel, 2011, S. 26f.
[16] Frebort/Khorramdel, 2011, S. 26
[17] Frebort/Khorramdel, 2011, S. 27
[18] Frebort/Khorramdel, 2011, S. 19

Itemformulierungen wie z.B., „Ich bin jemand, der besonders distanziert Anderen gegenüber ist."[19]

Um die Konstrukte optimal erfassen zu können, werden die Antworten der Testpersonen in Zahlen übertragen. Das bedeutet, dass pro Item, welches beantwortet wurde, je nach der Anzahl der Kategorien z.B. 0 bis 4 Punkte zugeordnet werden.

Die Punkte werden den Antworten dementsprechend zugewiesen, dass eine hohe Punktezahl einer hohen Merkmalsausprägung entspricht und eine niedrige Ausprägung erhält eine niedrige Punktezahl. Meistens ist es der Fall, dass eine Zustimmung auf die Antwortfrage für eine hohe Ausprägung steht[20].

Regeln:

1. Um der sozialen Erwünschtheit entgegen zu wirken, soll jede Skala ein positiv bzw. negativ gedrehtes Item des jeweiligen Konstruktes enthalten.
2. Extreme Itemformulierungen werden vermieden.

Für welche Zielgruppen könnten die Big Five relevant sein, bzw. in welchen Bereichen fänden Sie einen Einsatz sinnvoll?

Mittels der Big Five besteht die Möglichkeit die gesamte Persönlichkeit einer Person zu messen. Dadurch handelt es sich hierbei um einen Persönlichkeitsfragebogen, der von den ProbandInnen eine Auskunft über das eigene Selbst fordert. Dies bedeutet, dass bei den Testpersonen eine Selbstkenntnis über das eigene Verhalten, die Einstellungen und Meinungen verlangt wird[21].

Persönlichkeitstests werden bei der Auswahl von potenziellen MitarbeiterInnen und für die Potenzialanalyse und Entwicklung von Führungskräften eingesetzt.

Aber auch bei den Feststellungen über das Ausmaß von psychischen Erkrankungen wie z.B. Depressionen, Ängstlichkeit,..., Bewerbungen für einen Studienplatz,

---

[19] http://www.researchgate.net/publication/228378218_Zur_Erhebung_der_Big-Five-basierten_Persnlichkeitsmerkmale_im_SOEP/file/79e4150a7a19843714.pdf, Abruf am 12.05.2014 um 18:30
[20] Frebort/Khorramdel, 2011, S. 51
[21] Frebort/Khorramdel, 2011, S. 32

Schulreifediagnosen, für die Erstellung von Gutachten, bei Prognosen des Verkehrsverhaltens und vielem mehr finden Persönlichkeitstests ihre Anwendung[22]. Der Test dient jedoch hauptsächlich dem Personalmanagement für das Recruiting von geeigneten BewerberInnen. Werden im Berufsalltag von den BewerberInnen spezielle Eigenschaften verlangt, setzen die Unternehmen während dem Bewerbungsverfahren Persönlichkeitstests ein, um die Anforderungen zu prüfen.

Meistens erfolgen solche Tests in Kombination mit anderen Übungen oder einem Assessment-Center, da die Ergebnisse für das Personalmanagement alleine nicht ausreichend sind, um eine Entscheidung zu treffen. Viel mehr dient er dafür, den Eindruck, welchen man während des Bewerbungsinterviews, Gruppendiskussionen, usw. gewonnen hat, zu bestätigen und weitere Informationen zu liefern[23]. Daher haben wir uns dafür entschieden, diesen Fragebogen für das Personalmanagement zu erstellen, da es sich immer höherer Beliebtheit erfreut.

Was sollte bei der Itemformulierung berücksichtigt werden, damit die soziale Erwünschtheit minimiert wird?

Die Verzerrung von Antworten in Fragebögen kann verschiedene Ursachen haben. Da die „Big Five" im Kontext eines Persönlichkeitsfragebogens zur Anwendung kommen, ist hier eine Verfälschbarkeit der Ergebnisse in Form einer Simulation zu erwarten. Dies bedeutet, dass eine scheinbar höhere Ausprägung eines Merkmals, als dies tatsächlich der Fall ist, von den ProbandInnen angegeben wird. Diese Simulation kann auf sozial erwünschtes Antwortverhalten zurückgeführt werden.[24]

Neben dieser Art der beabsichtigten Verfälschung von Antworten ist es auch möglich, dass eine unabsichtliche Verfälschung beispielsweise durch fehlerhafte Selbsteinschätzung oder eine mangelhafte Beschaffenheit des Fragebogens (unklare Instruktion, unklare Itemformulierungen) entsteht. [25]

---

[22] http://psydok.sulb.uni-saarland.de/volltexte/2004/151/pdf/schriftenreihe_42.pdf, Abruf am 12.05.2014 um 19:10
[23] http://psydok.sulb.uni-saarland.de/volltexte/2004/151/pdf/schriftenreihe_42.pdf, Abruf am 12.05.2014 um 19:10
[24] Frebort/Khorramdel, 2011, S. 17
[25] Frebort/Khorramdel, 2011, S. 17f.

Um optimale Rahmenbedingungen zu schaffen, die eine Verfälschbarkeit von Antworten der TeilnehmerInnen so gering wie möglich halten, ist es also wichtig, nicht nur auf die Formulierung einzelner Items, sondern auch auf die gesamte Konstruktion des Fragebogens zu achten. Hierzu gehören beispielsweise die Aufklärung über den Untersuchungsgegenstand, sowie die Zusicherung von Anonymität. [26]

Eine Option, die sich positiv auf die Ehrlichkeit im Testverfahren auswirkt, ist die Ausbalancierung der Antwortalternativen in Bezug auf die soziale Erwünschtheit. Dies bedeutet konkret, dass alle möglichen Antwortalternativen sozial gleich erwünscht oder unerwünscht sind. Es ist den ProbandInnen somit nicht möglich, einen bestimmten Eindruck vorzutäuschen, was die Wahrscheinlichkeit der Wahl der zutreffendsten Antwortalternative erhöht. [27]

Des Weiteren können Kontrollskalen (auch „Lügenskalen" genannt) eingebaut werden, die Eigenschaften oder Verhaltensweisen erfassen, „[...] die allgemein negativ (bzw. positiv) beurteilt werden, aber doch so oft (bzw. selten) vorkommen, dass eine ablehnende (bzw. zustimmende) Antwort unglaubwürdig erscheint [...]". [28]

Eine weitere Möglichkeit, die Befragung mittels eines Fragebogens zu ergänzen, ist der Einsatz eines objektiven Persönlichkeitstests, der aufgrund seiner geringen Augenscheinvalidität so gut wie keinen Verfälschungstendenzen unterliegt. [29]

Besonders kritisch ist außerdem darauf zu achten, dass es keine Abhängigkeiten zwischen den Items gibt, sondern jedes Item die interessierenden Merkmale oder Konstrukte eindimensional erfasst. [30]

Regeln:

1. Wir schaffen optimale Rahmenbedingungen, um sozial erwünschte Antworten zu vermeiden.

2. Items werden neutral und wertfrei, sowie klar und verständlich formuliert. Suggestive Iteminhalte werden vermieden.

---

[26] Frebort/Khorramdel, 2011, S. 18
[27] Bortz/Döhring, 2006, S. 233
[28] Bortz/Döhring, 2006, S. 234
[29] Frebort/Khorramdel, 2011, S. 18
[30] Frebort/Khorramdel, 2011, S. 41

3. Items besitzen einen konkreten Inhalt, um Interpretationsfreiräume so gering wie möglich zu halten.

4. Jedes Item ist von allen Anderen unabhängig und somit eindimensional.

> **Was ist Ihrer Meinung nach bei der Fragebogeninstruktion zu bedenken bzw. welche Informationen sollte diese beinhalten? Wie könnte eine passende Fragebogeninstruktion lauten?**

Nötige Informationen bzw. Inhalte, die in der Fragebogeninstruktion enthalten sein sollen[31]:

- Kurze Vorstellung der eigenen Person bzw. des Instituts
- Ziel des folgenden Fragebogens bzw. nachgelagerter Untersuchungsgegenstand
- Animation zur Mitarbeit und Wertschätzung der TeilnehmerInnen für ebendiese
- Hinweis auf Anonymität bei der Testauswertung
- Bitte um ehrliche Antwort und vollständige Bearbeitung des Fragebogens
- Angabe des Zeitbedarfs der Bearbeitung
- Handlungsanweisungen für die Beantwortung der Fragen und Beispielitem
- Abschließender Dank für die Mitarbeit

---

[31] Frebort/Khorramdel, 2011, S. 43

Eine passende Fragebogeninstruktion könnte wie folgt lauten:

„Liebe Teilnehmerinnen und Teilnehmer, mein Name ist ... und ich komme vom Institut ... . Ich möchte Sie heute einladen, an unserer Studie zum Thema ... teilzunehmen, die das Ziel ... verfolgt. Ich möchte Ihnen schon vorab mitteilen, dass uns jeder einzelne Fragebogen und jede subjektive Meinung sehr wichtig ist. Dennoch können Sie sich sicher sein, dass Ihre Angaben von uns streng vertraulich behandelt werden und den Datenschutzbestimmungen entsprechend nur anonymisiert weiterverwendet werden.

Bei diesem Test geht es um Ihre ganz persönliche Meinung und Ihre subjektiven Erfahrungen. Antworten können nicht richtig oder falsch sein. Ich bitte Sie daher, die Fragen wahrheitsgetreu und spontan nach Ihrer ganz persönlichen Einschätzung zu beantworten und keine Fragen auszulassen. Die Beantwortung wird in etwa ... Minuten in Anspruch nehmen.

Ich werde Ihnen nun kurz anhand eines Beispiels verdeutlichen, wie die Fragen von Ihnen zu beantworten sind.

[BEISPIELITEM]

Wir bedanken uns schon im Voraus dafür, dass Sie sich die Zeit für die Mitarbeit an unserer Studie nehmen.“

REGELKATALOG

1. Der Persönlichkeitsfaktor Neurotizismus wird im Gegensatz zu Emotionaler Stabilität mit negativen Fragebogenfragen angeführt.

2. Bei der Interpretation der Ergebnisse muss beachtet werden, dass niedrige Werte im Trait Neurotizismus (z.b. wenig ängstlich) zugleich solide Werte im Bereich der Emotionale Stabilität bedeuten (z.B. sicher).

3. Um der sozialen Erwünschtheit entgegen zu wirken, soll jede Skala ein positiv bzw. negativ gedrehtes Item des jeweiligen Konstruktes enthalten.

4. Extreme Itemformulierungen werden vermieden.

5. Wir schaffen optimale Rahmenbedingungen, um sozial erwünschte Antworten zu vermeiden.

6. Items werden neutral und wertfrei, sowie klar und verständlich formuliert. Suggestive Iteminhalte werden vermieden.

7. Items besitzen einen konkreten Inhalt, um Interpretationsfreiräume so gering wie möglich zu halten.

8. Jedes Item ist von allen Anderen unabhängig und somit eindimensional.

Literaturverzeichnis:

Bergner, Sabine / Staudt, Beate (2013): Differentielle Psychologie II. FFH Gesellschaft zur Erhaltung und Durchführung von Fachhochschulstudiengängen m.b.H. (Wien)

Bipp, T. (2006): Der Einfluss der Big Five Persönlichkeitseigenschaften auf das zielbezogene Leistungshandeln. Dissertation, Universität Dortmund, Institut für Psychologie – Lehrstuhl für Angewandte Organisationspsychologie

Borkenau, Peter / Ostendorf, Fritz (1989): Zeitschrift für Differentielle und Diagnostische Psychologie, Heft 4, S. 239.251

Bortz, Jürgen / Döring, Nicola (2006): Forschungsmethoden und Evaluation für Human- und Sozialwissenschaftler. Springer Medizin Verlag (Heidelberg)

Deutsches Institut für Wirtschaftsforschung (2005): Zur Erhebung der Big-Five-basierten Persönlichkeitsmerkmale, http://www.researchgate.net/publication/228378218_Zur_Erhebung_der_Big-Five-basierten_Persnlichkeitsmerkmale_im_SOEP/file/79e4150a7a19843714.pdf, Stand vom 12.05.2014

Frebort, Martina / Khorramdel, Lale (2012): Fragebogenkonstruktion. FFH Gesellschaft zur Erhaltung und Durchführung von Fachhochschulstudiengängen m.b.H. (Wien)

Ikinger, V. (2008): Big Five, das Fünf-Faktoren-Modell der Persönlichkeit. Handout zur Präsentation an der Universität Hohenheim am 10.06.2008 in Personalmarketing und Personalauswahl

Maltby, John / Day, Liz / Macaskill, Ann (20133): Differentielle Psychologie, Persönlichkeit und Intelligenz. 2. Auflage. Pearson Deutschland GmbH

Uni Saarland (2004): Psychologische Verfahren der Personalauswahl, http://psydok.sulb.uni-saarland.de/volltexte/2004/151/pdf/schriftenreihe_42.pdf, Stand vom 12.05.2014

BEI GRIN MACHT SICH IHR WISSEN BEZAHLT

- Wir veröffentlichen Ihre Hausarbeit,
  Bachelor- und Masterarbeit

- Ihr eigenes eBook und Buch -
  weltweit in allen wichtigen Shops

- Verdienen Sie an jedem Verkauf

Jetzt bei www.GRIN.com hochladen und kostenlos publizieren